JN224355

「本当のじぶん」になれる本

になれる本

81タイプの
じぶんらしさ

山内マコト
Makoto Yamauchi

文芸社

マインドカバラで「本当のじぶん」を知る

「本当のじぶん」に気付いていますか？

「あなたは本当のじぶんに気付いていますか？」

——もし、だれかにそんなふうに聞かれたら、きっと、"えっ、本当のじぶんって何？"と不思議に思われることでしょう。

では、もっと簡単にお聞きします。

「あなたは今のじぶんの人生に満足していますか？」

——そう聞かれて、「はい、満足しています」と即答できる人は決して多くはないでしょう。

「どうしてこんな人生なんだろう？」

「もっと別の人生があったはずにちがいない」

「どうせなら人生をやり直したい」などと考えてしまうこと

3

は、だれにでもあると思います。

　ほかにも、仕事でうまくいかないことがあったり、友人関係で傷つくことがあったり、家族の間ですれ違いが起きたり、または恋人とのことで悩んだり……など。

　そのようなとき、まわりのだれにも相談できず、その悩みの解決方法がわからないまま、ただ時間だけ過ぎて、それが解決しないうちにまた別の問題も発生する……!!　なんだか、大変ですよね。

　でも、そうした悩みのほとんどの**原因はひとつ**。実は「本当のじぶん」を知らないから起こることが多いのです。

人間は運命を好転させる力をもっています

　これまで私はたくさんの方の悩み相談に立ちあってきました。そんな経験のなかで、悩みができる原因が次第にわかってきました。

　今あなたが抱えている悩みは、「本当のじぶん」に気付いていないことが原因になっている可能性が高いのです。

　なぜ「本当のじぶん」を知らないことがよくないのか……それは、じぶんの価値や信念をまわりの人からの評価やメ

ディアの情報をもとに作りあげてしまい、**リスクを避けることを最優先してしまっている**からなのです。

　たとえば、わがままだと言われたくない思いが強く、夢や叶えたいことをがまんして、迷惑をかけていないことを良しとしていませんか？　それは「本当のじぶん」でしょうか？

　もし「本当のじぶん」を生きていないのなら、本当の悩みの解決や運とはズレが生じてしまうのは、当然の結果なのです。

　世の中には運がいいと言われる人がいます。

　実はその人たちは「本当のじぶん」を知っているのです。「本当のじぶん」を知っていれば、おのずとじぶんの進む道がしっかり見えてきます。目の前に広がる正しい道を淡々と進むだけで運がよくなるのです。

　つまり、「本当のじぶん」に気付くことで人間は運命を好転させることができますし、本来、私たちはそういう力をもってこの世に生まれてきているのです。

　では、どうしたら「本当のじぶん」がわかるのでしょうか。私がおすすめしたいのが、「マインドカバラ」です。

カバラを知っていますか？

　はじめに、一般的なカバラについてお話しします。

　占いの中でも人気がありますから、試したことがある人もいるでしょう。

　カバラ、つまりカバラ数秘術とは、ベースに「すべての数字には特別な意味とチカラがある」という考え方があります。まさに"数秘術"なのです。

　元をたどると古代ギリシアの数学者・哲学者のピタゴラスにまでさかのぼると言われるもので、占星術や易学と並ぶ占いの一つです。恋愛運や仕事運などさまざまな予見をする際に活用されています。これまで私はカバラ数秘術と波動カウンセリングによって、約20年にわたって数万人近い悩みを抱えたさまざまな方々から相談を受けてきました。

　カバラは生年月日から1〜9の数字を割り出します。たとえば、割り出したその人を表す数字が「5」と出たとします。「5」のもつ意味としては1〜9までの数字の真ん中に当たりますから、中心を表す数字でもあり、いつも仲間の中心にいる誰からも好かれる"頼られる人気者タイプ"と解釈されます。そのため、カウンセリングをするほうも、それを前提でご相談をすすめていくことになります。

しかし本人としては周囲のそんな見方に納得がいかず、じぶんは頼られるタイプよりどちらかと言えば頼りたいほうのタイプだと感じているケースがあります。

　またそれとは逆に、そのカバラ数秘術の「5」だけを信じて、じぶんは頼られる人気者タイプだから、それに相応しい生き方をしようとしてしまい、無理をしてストレスが溜まっているようなケースもあります。

　このようなケースを何度も見ていくうちに、もっとすべての人の納得が得られる「本当のじぶん」を知る方法はないだろうかという思いがありました。そこで、私独自でメソッドを研究、開発することにしたのです。

「本当のじぶん」を知るマインドカバラ

　あらためて考えてみますと、世界中には実にいろいろな占いがあります。血液型占いならA、B、O、ABの4種類、四柱推命であれば陰陽五行説にのっとって火・水・木・金・土の5種類、占星術や干支占いなら12もしくは13種類と、それぞれの占いによって数種類ずつにわけられます。

しかし、人間のタイプは、もっと複雑であるはずです。

そこで、実際の波動カウンセリングの現場と独自の研究から生み出した、私の「マインドカバラ」について説明します。

特徴は、人間を81タイプにわけることです。

さまざまな占いや個性学を試してみて、じぶんのことについて腑に落ちなかった方も、タイプが81種類になれば、より納得できると思います。

実は、この81という数字には大きな意味とチカラがあります。「8」は富と豊かさを意味する数字です。漢字の八は末広がりで縁起がいいと言われていますよね。また「1」は創造性や新しい始まり、前向きな努力と進歩などを意味していて、ひらめきや幸福、充足感にも関係しています。この2つの数字が並んだ81は非常に縁起がいい数字、とてもラッキーな数字なのです。

西洋の「エンジェルナンバー（天使からのメッセージ）」の考え方では、81は豊かさを表し、自信や経済的なものに関する意味があるようです。古代神道の世界でも、81は人間の本質である「光」を意味します。

このような縁起がいい数字を持つマインドカバラ。そのしくみを説明したいと思います。

カバラの割り出し方と一部は同じですが、あなたの生年月

日から、それぞれ「スピリット」と「マインド」を割り出します。「スピリット」と「マインド」の組み合わせが81種類あるのです。

　導き出された「スピリット」のもつ意味は「本当のじぶん」の“生きる目的”。「マインド」は「本当のじぶん」の“生きる手段”を表しています。

　つまり、マインドカバラでは“生きる目的”と“生きる手段”から、「本当のじぶん」の生き方がわかるようになるのです。

「スピリット」と「マインド」は、次ページの表のようにそれぞれ9種類あります。

「スピリット」（生きる目的）

1 ＝ジョイフル（楽しむ）

2 ＝ハーモニー（調和する）

3 ＝ライク（満足する）

4 ＝ライフ（安定させる）

5 ＝ハッピー（幸せになる）

6 ＝タレント（才能を発揮する）

7 ＝ラッキー（運がよくなる）

8 ＝サクセス（成功する）

9 ＝ラブ（愛する）

「マインド」（生きる手段）

1 ＝リーダー（情熱的な指導者）

2 ＝サポーター（みんなから愛される援助者）

3 ＝チャイルド（自由を好む正直者）

4 ＝プランナー（安定志向の堅実家）

5 ＝フリーランス（頼られる楽天家）

6 ＝フレンド（他者を優先し調和を守る友好家）

7 ＝アダルト（頭の回転が速い賢者）

8 ＝チャレンジャー（夢や目標を叶える挑戦者）

9 ＝ドリーマー（平和を願う空想家）

スピリット名 ＋ マインド名 を組み合わせたものが、「本当のじぶん」を表すマインドキャラクターとなります。

マインドカバラは「本当のじぶん」の生きかた実践学です。

次のページの計算法で、じぶんのマインドキャラクターを確認してみましょう。その後、各キャラクターのページを見て、〈現実を好転させるココロのもちかた〉と今のじぶんの価値観を比べてみましょう。違和感があった方は、「こうでなければいけない」という思考や価値観によって「本当のじぶん」とズレが生じている可能性があります。そのズレが悩みやトラブルを起こしているということに気づくことができれば、現実を好転させる第一歩を踏み出せるはずです。
「現実の好転」とは、すごいことが急に起こるという意味ではなく、「本当のじぶん」の中に安心感や信頼が育まれ、感動や希望をもつ感覚が少しずつ芽ばえていくという、豊かさを感じる体験ができるようになる、ということです。

また、身近な人のキャラクターを調べ、〈このキャラクターとの付き合い方は？〉で、その方との付き合い方を確認してみましょう。なお、「相性が悪いマインドキャラクター」が存在しないのは、人間関係において「好き嫌いはあっても良い悪いはない」という個性を受け入れるココロの育成が、ココロ個性学のミッションの一つにあるからです。

本書の「おわりに」ではマインドカバラについて、さらに深く理解いただける内容を書いていますので、ぜひそちらもご覧いただければと思います。

スピリット、
マインドの計算法

「スピリット」と「マインド」は生年月日から導き出します。
計算方法は以下のとおりです。

（1）生年月日の数字を1桁になるまで足していきます。
（2）次に、誕生日の月と日の数字を1桁になるまで足してい
　　　きます。
（3）次に、生まれた日にちの数字を足します。
（4）（1）〜（3）で出た数字を1桁になるまですべて足します。

（4）で出た数字が「スピリット」にあたります。
（1）で出ている数字が「マインド」にあたります。

（例）1990年7月20日の場合

（1）$1 + 9 + 9 + 0 + 7 + 2 + 0 = 28$、$2 + 8 = 10$、$1 + 0 =$ $\boxed{1}$

（2）$7 + 2 + 0 =$ $\boxed{9}$

（3）$2 + 0 =$ $\boxed{2}$

（4）$1 + 9 + 2 = 12$、$1 + 2 =$ $\boxed{3}$

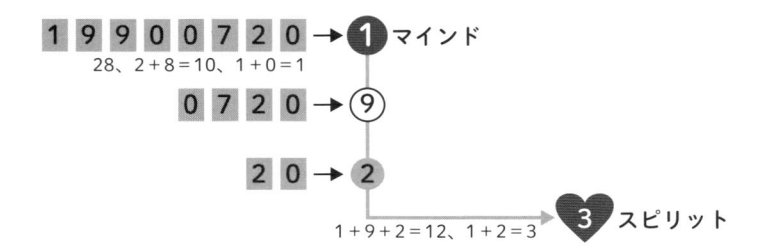

$19900720 \rightarrow$ ① マインド
28、2＋8＝10、1＋0＝1

$0720 \rightarrow$ ⑨

$20 \rightarrow$ 2

1＋9＋2＝12、1＋2＝3　♥ 3 スピリット

スピリットは 3 、マインドは 1 です。

図1　スピリット	
1	ジョイフル
2	ハーモニー
3	ライク
4	ライフ
5	ハッピー
6	タレント
7	ラッキー
8	サクセス
9	ラブ

図2　マインド	
1	リーダー
2	サポーター
3	チャイルド
4	プランナー
5	フリーランス
6	フレンド
7	アダルト
8	チャレンジャー
9	ドリーマー

　数字が判明したら、上の図1と図2でキャラクターを確かめましょう。

　1990年7月20日生まれの方の
　マインドキャラクターは、
　「ライク・リーダー」となります。

「ジョイフル」スピリットの人は
じぶんとまわりが「楽しんでいる」ことを
大切にしています。
一方で「楽しんでも良いのか？」
「それで生活できるのか？」
という疑問をかかえてはいませんか？
そのため、人生の中では、
「時間のチカラ」が
結果を出すことを学んでいきます。

「時間のチカラ」とは

1　今に集中する

2　流れに任せる

3　時が解決する

4　共時性

　　（想いは通じる）

ジョイフル・リーダー

「自立のココロ」で楽しむ指導者

A leader who enjoys life through their independent mind

〈現実を好転させるココロのもちかた〉

「夢中になれること」を大切にし、
じぶんの中にある「自信」と「勇気のココロ」を発揮すると、
何事もあまりこだわらなくてもよいことに気づきます。
すると現実が「楽しさを体験する」世界へと好転します。

●相性のいいマインドキャラクター

ラッキー・プランナー（運がいい堅実家）

ライフ・アダルト（安定する賢者）

●ジョイフル・リーダーの著名人

チャールズ・チャップリン / 明石家さんま

このキャラクターとの付き合い方は？

いつの間にか、まわりに仲間が集まってくるタイプ。
人を集めるプロジェクト等の中心的な役割を任せてみると、
実力を発揮します。

ジョイフル・サポーター

「奉仕のココロ」で楽しむ援助者

A supportive person who enjoys life through their helpful mind

〈現実を好転させるココロのもちかた〉

「ココロとカラダを育むこと」を大切にし、
じぶんの中にある「母性」と「支援のココロ」を発揮すると、
何事もあまりがまんしなくてもよいことに気づきます。
すると現実が「楽しさを体験する」世界へと好転します。

●相性のいいマインドキャラクター

ラッキー・フリーランス（運がいい楽天家）
ライフ・チャレンジャー（安定する挑戦者）

●ジョイフル・サポーターの著名人

ナポレオン・ヒル

このキャラクターとの付き合い方は？

楽しく引き立てるムードメーカータイプ。
そのため、こちらのしたいことをはっきり伝えたほうが、
その期待に気持ちよく応えて動いてくれます。

ジョイフル・チャイルド

「素直なココロ」で楽しむ正直者

An honest person who enjoys life through their direct, franc mind

〈現実を好転させるココロのもちかた〉

「シンクロニシティ」を大切にし、
じぶんの中にある「本音」と「無邪気なココロ」を発揮すると、
じぶんとまわりを比べなくてもよいことに気づきます。
すると現実が「楽しさを体験する」世界へと好転します。

●相性のいいマインドキャラクター

ラッキー・フレンド（運がいい友交家）
ライフ・ドリーマー（安定する空想家）

●ジョイフル・チャイルドの著名人

オリビア・ニュートン・ジョン

このキャラクターとの付き合い方は？

競争心をもつと実力を発揮するタイプ。
疑問やわからないことを聞けない強がりのところがあるので、
困りごとを見つけて声をかけると頼ってくれます。

ジョイフル・プランナー

「安心のココロ」で楽しむ堅実家

A reliable person who enjoys life through their assured mind

〈現実を好転させるココロのもちかた〉

「日々への感謝」を大切にし、
じぶんの中にある「計画性」と「真面目なココロ」を発揮すると、
何事もあまり心配しなくてもよいことに気づきます。
すると現実が「楽しさを体験する」世界へと好転します。

●相性のいいマインドキャラクター

ラッキー・アダルト（運がいい賢者）
ライフ・リーダー（安定する指導者）

●ジョイフル・プランナーの著名人

マリー・アントワネット

このキャラクターとの付き合い方は？

毎日の生活によろこびを感じることができるタイプ。
そのため、目の前のことや現実的なものについての話題や問題について話し
合うようなコミュニケーションがおススメです。

ジョイフル・フリーランス

「自由なココロ」で楽しむ楽天家

An optimist who enjoys life through their open mind

〈現実を好転させるココロのもちかた〉

「じぶんのペース」を大切にし、
じぶんの中にある「明るさ」と「前向きなココロ」を発揮すると、
じぶんとまわりをあまり否定しなくてもよいことに気づきます。
すると現実が「楽しさを体験する」世界へと好転します。

●相性のいいマインドキャラクター

ラッキー・チャレンジャー（運がいい挑戦者）

ライフ・サポーター（安定する援助者）

●ジョイフル・フリーランスの著名人

バートランド・ラッセル／ベット・ミドラー

このキャラクターとの付き合い方は？

「良さ」がまわりになかなか伝わりづらいタイプ。
しかも、本人もそこには気づいていないので、
まわりに本人をティーアップしてあげると良い関係になれます。

ジョイフル・フレンド

「優しいココロ」で楽しむ友交家

A friendly person who enjoys life through their gentle mind

〈現実を好転させるココロのもちかた〉

「流れに身を任せること」を大切にし、
じぶんの中にある「ユーモア」と「親切なココロ」を発揮すると、
何事もあまり気にしなくてもよいことに気づきます。
すると現実が「楽しさを体験する」世界へと好転します。

●相性のいいマインドキャラクター

ラッキー・ドリーマー（運がいい空想家）

ライフ・チャイルド（安定する正直者）

●ジョイフル・フレンドの著名人

ニーチェ

このキャラクターとの付き合い方は？

目の前にある生活と人とのかかわりを楽しむタイプです。
そのため、会う頻度が高いことは本人のよろこびにもなります。
連絡を密にとり合うことで良い関係を築けます。

ジョイフル・アダルト

「冷静なココロ」で楽しむ賢者

A wise person who enjoys life through their calmness of mind

〈現実を好転させるココロのもちかた〉

「時が解決してくれること」を大切にし、
じぶんの中にある「客観性」と「理性あるココロ」を発揮すると、
何事もあまりあせらなくてもよいことに気づきます。
すると現実が「楽しさを体験する」世界へと好転します。

●相性のいいマインドキャラクター

ラッキー・リーダー（運がいい指導者）
ライフ・プランナー（安定する堅実家）

●ジョイフル・アダルトの著名人

ジョージ・ブッシュ

このキャラクターとの付き合い方は？

ものごとを割り切って楽しむことができるタイプで、
じぶんを大切にする知恵をたくさんもっています。
世の中に疲れたときに相談すると、相手になってくれるはずです。

27

ジョイフル・チャレンジャー

「熱いココロ」で楽しむ挑戦者

An enthusiastic person who enjoys life through their eager mind

〈現実を好転させるココロのもちかた〉

「集中して結果を出すこと」を大切にし、

じぶんの中にある「行動力」と「積極的なココロ」を発揮すると、

じぶんとまわりを責めなくてもよいことに気づきます。

すると現実が「楽しさを体験する」世界へと好転します。

●相性のいいマインドキャラクター

ラッキー・サポーター（運がいい援助者）

ライフ・フリーランス（安定する楽天家）

●ジョイフル・チャレンジャーの著名人

吉永小百合

このキャラクターとの付き合い方は？

今やれることに集中できるタイプです。

小さなことを大きなことに変えられるほどの想像力をもっているので、

相談をすれば、人生の先生としてのアドバイスが期待できます。

ジョイフル・ドリーマー

「平和のココロ」で楽しむ空想家

A dreamer who enjoys life through their peaceful mind

〈現実を好転させるココロのもちかた〉

「本質を見抜くチカラ」を大切にし、
じぶんの中にある「知性」と「思いやりのココロ」を発揮すると、
じぶんとまわりにあまり期待しなくてもよいことに気づきます。
すると現実が「楽しさを体験する」世界へと好転します。

●相性のいいマインドキャラクター

ラッキー・チャイルド（運がいい正直者）

ライフ・フレンド（安定する友交家）

●ジョイフル・ドリーマーの著名人

棟方志功

このキャラクターとの付き合い方は？

じぶんの理想をもって現実と向きあえるタイプです。
トラブルやアクシデントの経験値から本質的な考え方をもっているので、
かかわり合うことで新しい気づきが得られます。

HARMONY SPIRIT

ハーモニー

スピリット

「ハーモニー」スピリットの人は
じぶんとまわりが**「調和する」**ことを
大切にしています。
一方で「調和とはなにか？」
「感謝とはなにか？」
という疑問をかかえてはいませんか？
そのため、人生の中では、
「まわりのチカラ」が
支えてくれることを学んでいきます。

「まわりのチカラ」とは
1　神様や仏様
2　自然や環境
3　家族や仲間

ハーモニー・リーダー

「自立のココロ」で調和する指導者

A leader who lives in harmony through their independent mind

〈現実を好転させるココロのもちかた〉

「調和の理想的なかたち」を大切にし、
じぶんの中にある「自信」と「勇気のココロ」を発揮すると、
何事もあまりこだわらなくてもよいことに気づきます。
すると現実が「調和を体験する」世界へと好転します。

●相性のいいマインドキャラクター

ハッピー・プランナー（幸せになる堅実家）

サクセス・アダルト（成功する賢者）

●ハーモニー・リーダーの著名人

ジャン・アレジ

このキャラクターとの付き合い方は？

周囲への気遣いがベースとなっているタイプ。
一見猛進しているかのように見えても、
実は配慮が言動の裏にあることを理解して接することが必要です。

ハーモニー・サポーター

「奉仕のココロ」で調和する援助者

A supportive person who lives in harmony through their helpful mind

〈現実を好転させるココロのもちかた〉

「心の奥にあるもの」を大切にし、
じぶんの中にある「母性」と「支援のココロ」を発揮すると、
何事もあまりがまんしなくてもよいことに気づきます。
すると現実が「調和を体験する」世界へと好転します。

●相性のいいマインドキャラクター

ハッピー・フリーランス（幸せになる楽天家）
サクセス・チャレンジャー（成功する挑戦者）

●ハーモニー・サポーターの著名人

ポール・サイモン

このキャラクターとの付き合い方は？

まわりの人の役に立ちたいタイプ。あなたが困っていたり、
あなたをじぶんより弱い立場の存在だと認識したりすれば、
一生懸命サポートしてもらえる関係が築けます。

ハーモニー・チャイルド

「素直なココロ」で調和する正直者

An honest person who lives in harmony through their direct, franc mind

〈現実を好転させるココロのもちかた〉

「感受性と表現力」を大切にし、
じぶんの中にある「本音」と「無邪気なココロ」を発揮すると、
じぶんとまわりを比べなくてもよいことに気づきます。
すると現実が「調和を体験する」世界へと好転します。

●相性のいいマインドキャラクター

ハッピー・フレンド（幸せになる友交家）
サクセス・ドリーマー（成功する空想家）

●ハーモニー・チャイルドの著名人

デヴィッド・ボウイ

このキャラクターとの付き合い方は？

人や環境からの影響を受けやすいタイプ。
よくじぶんを後回しにしてチャンスを逃してしまっているので、
何でも言える環境を作ってあげるとよろこんでくれます。

ハーモニー・プランナー

「安心のココロ」で調和する堅実家

A reliable person who lives in harmony through their assured mind

〈現実を好転させるココロのもちかた〉

「事実と真実」を大切にし、
じぶんの中にある「計画性」と「真面目なココロ」を発揮すると、
何事もあまり心配しなくてもよいことに気づきます。
すると現実が「調和を体験する」世界へと好転します。

●相性のいいマインドキャラクター

ハッピー・アダルト（幸せになる賢者）
サクセス・リーダー（成功する指導者）

●ハーモニー・プランナーの著名人

レオナルド・ダ・ヴィンチ

このキャラクターとの付き合い方は？

しっかり者や人気者と言われるタイプ。
まわりを変えるためにはコツコツと努力を惜しまないので、
プロセスを共有するとよい関係が築けます。

ハーモニー・フリーランス

「自由なココロ」で調和する楽天家

An optimist who lives in harmony through their open mind

〈現実を好転させるココロのもちかた〉

「普遍的なものへの関心」を大切にし、
じぶんの中にある「明るさ」と「前向きなココロ」を発揮すると、
じぶんとまわりを否定しなくてもよいことに気づきます。
すると現実が「調和を体験する」世界へと好転します。

●相性のいいマインドキャラクター

ハッピー・チャレンジャー（幸せになる挑戦者）

サクセス・サポーター（成功する援助者）

●ハーモニー・フリーランスの著名人

ヘレン・ケラー

このキャラクターとの付き合い方は？

どんな環境でも不自由さを感じないタイプ。
まわりに合わせて臨機応変にじぶんを保つことができるので、
新しい目標を提案すると信頼されます。

ハーモニー・フレンド

「優しいココロ」で調和する友交家

A friendly person who lives in harmony through their gentle mind

〈現実を好転させるココロのもちかた〉

「仲間や家族」を大切にし、
じぶんの中にある「ユーモア」と「親切なココロ」を発揮すると、
何事もあまり気にしなくてもよいことに気づきます。
すると現実が「調和を体験する」世界へと好転します。

●相性のいいマインドキャラクター

ハッピー・ドリーマー（幸せになる空想家）
サクセス・チャイルド（成功する正直者）

●ハーモニー・フレンドの著名人

デール・カーネギー

このキャラクターとの付き合い方は？

常に相手の気持ちを読み取るタイプ。
こちらの意見をはっきり伝えると、
それに反応してお互いによい環境をつくれる関係になれます。

ハーモニー・アダルト

「冷静なココロ」で調和する賢者

A wise person who lives in harmony through their calmness of mind

〈現実を好転させるココロのもちかた〉

「才能をひけらかさないこと」を大切にし、
じぶんの中にある「客観性」と「理性あるココロ」を発揮すると、
何事もあまりあせらなくてもよいことに気づきます。
すると現実が「調和を体験する」世界へと好転します。

●相性のいいマインドキャラクター

ハッピー・リーダー（幸せになる指導者）

サクセス・プランナー（成功する堅実家）

●ハーモニー・アダルトの著名人

ポール・アンカ

このキャラクターとの付き合い方は？

あまりオーラを出さず、心の内を見せないタイプ。
この人の奥にある秘めた思いをこちらが見出し、
汲み取って理解することで信頼を得ることができます。

ハーモニー・チャレンジャー

「熱いココロ」で調和する挑戦者

An enthusiastic person who lives in harmony through their eager mind

〈現実を好転させるココロのもちかた〉

「相手はじぶんの鏡であるという意識」を大切にし、
じぶんの中にある「行動力」と「積極的なココロ」を発揮すると、
じぶんとまわりを責めなくてもよいことに気づきます。
すると現実が「調和を体験する」世界へと好転します。

●相性のいいマインドキャラクター

ハッピー・サポーター（幸せになる援助者）
サクセス・フリーランス（成功する楽天家）

●ハーモニー・チャレンジャーの著名人

エドガー・ケイシー

このキャラクターとの付き合い方は？

世の中の本質的なものや人の心理を探究するタイプ。
人類や地球環境を大切にする気持ちや志がある人に興味を示し、
そこから交流がはじまります。

ハーモニー・ドリーマー

「平和のココロ」で調和する空想家

A dreamer who lives in harmony through their peaceful mind

〈現実を好転させるココロのもちかた〉

「夢と現実のバランス」を大切にし、
じぶんの中にある「知性」と「思いやりのココロ」を発揮すると、
何事もあまり期待しなくてもよいことに気づきます。
すると現実が「調和を体験する」世界へと好転します。

●相性のいいマインドキャラクター

ハッピー・チャイルド（幸せになる正直者）
サクセス・フレンド（成功する友交家）

●ハーモニー・ドリーマーの著名人

アンソニー・ホプキンス / プリンス

このキャラクターとの付き合い方は？

じぶんが存在していることに、シンプルに感謝できるタイプ。
感謝という感覚があなたにもあることがわかると、
深い友好関係がつくれます。

「ライク」スピリットの人は
じぶんとまわりが「満足する」ことを
大切にしています。
一方で「じぶんはなにで満たされるのか？」
「どうしたらまわりに好かれるのか？」
という疑問をかかえてはいませんか？
そのため、人生の中では、
「直感のチカラ」を
信じることを学んでいきます。

「直感のチカラ」とは
1　五感と六感
2　思考と感性
3　欲と本能

ライク・リーダー

「自立のココロ」で満足する指導者

A leader who lives in contentment through their independent mind

〈現実を好転させるココロのもちかた〉

「好きな道を選ぶこと」を大切にし、
じぶんの中にある「自信」と「勇気のココロ」を発揮すると、
何事もあまりこだわらなくてもよいことに気づきます。
すると現実が「満足を体験する」世界へと好転します。

●相性のいいマインドキャラクター

タレント・プランナー（才能がある堅実家）

ラブ・アダルト（愛がある賢者）

●ライク・リーダーの著名人

ラルフ・ローレン / ナイチンゲール

このキャラクターとの付き合い方は？

じぶんが納得するまでやりつづけるタイプ。
下手に助言やアドバイスをするよりも、
見守る気持ちと、少しだけのヒントを伝えるような関係が理想です。

ライク・サポーター

「奉仕のココロ」で満足する援助者

A supportive person who lives in contentment through their helpful mind

〈現実を好転させるココロのもちかた〉

「無理をせずに支えること」を大切にし、
じぶんの中にある「母性」と「支援のココロ」を発揮すると、
何事もあまりがまんしなくてもよいことに気づきます。
すると現実が「満足を体験する」世界へと好転します。

●相性のいいマインドキャラクター

タレント・フリーランス（才能がある楽天家）

ラブ・チャレンジャー（愛がある挑戦者）

●ライク・サポーターの著名人

ココ・シャネル

このキャラクターとの付き合い方は？

感じたことは間違っていないと思うタイプ。
人にわかりやすく伝える意識が高いので、あなたが好きなものを
発信するのを手伝ってもらうと良い関係性を築きやすくなります。

ライク・チャイルド

「素直なココロ」で 満足する正直者

An honest person who lives in contentment through their direct, franc mind

〈現実を好転させるココロのもちかた〉

「楽しくて好きなこと」を大切にし、
じぶんの中にある「本能」と「無邪気なココロ」を発揮すると、
じぶんとまわりを比べなくてもよいことに気づきます。
すると現実が「満足を体験する」世界へと好転します。

●相性のいいマインドキャラクター

タレント・フレンド（才能がある友交家）

ラブ・ドリーマー（愛がある空想家）

●ライク・チャイルドの著名人

ダリ

このキャラクターとの付き合い方は？

すべてのタイプのなかで一番わがままが許されるタイプ。
たとえ自分本位でも思ったことはこちらに伝えてくるので、
それを受け止める器がこちらに求められます。

ライク・プランナー

「安心のココロ」で満足する堅実家

A reliable person who lives in contentment through their assured mind

〈現実を好転させるココロのもちかた〉

「本音と建前のバランス」を大切にし、
じぶんの中にある「計画性」と「真面目なココロ」を発揮すると、
何事もあまり心配しなくてもよいことに気づきます。
すると現実が「満足を体験する」世界へと好転します。

●相性のいいマインドキャラクター

タレント・アダルト（才能がある賢者）

ラブ・リーダー（愛がある指導者）

●ライク・プランナーの著名人

盛田昭夫

このキャラクターとの付き合い方は？

じぶんらしさと社会性のバランスに長けているタイプ。
仕事と遊びなど両極にあるものを切り替える方法を
学びたい気持ちを伝えると、よろこんでチカラを貸してくれます。

ライク・フリーランス

「自由なココロ」で満足する楽天家

An optimist who lives in contentment through their open mind

〈現実を好転させるココロのもちかた〉

「好きなものほど上達できるという気持ち」を大切にし、
じぶんの中にある「明るさ」と「前向きなココロ」を発揮すると、
じぶんとまわりを否定しなくてもよいことに気づきます。
すると現実が「満足を体験する」世界へと好転します。

●相性のいいマインドキャラクター

タレント・チャレンジャー（才能がある挑戦者）

ラブ・サポーター（愛がある援助者）

●ライク・フリーランスの著名人

ジョン・ボン・ジョヴィ

このキャラクターとの付き合い方は？

いい人やものとの出会いに関心をもつタイプ。
「縁」や「シンクロ」など
ココロと現実の共鳴やチャンスを話題にすると盛り上がります。

ライク・フレンド

「優しいココロ」で満足する友交家

A friendly person who lives in contentment through their gentle mind

〈現実を好転させるココロのもちかた〉

「じぶんの好きなこと」を大切にし、
じぶんの中にある「ユーモア」と「親切なココロ」を発揮すると、
何事もあまり気にしなくてもよいことに気づきます。
すると現実が「満足を体験する」世界へと好転します。

●相性のいいマインドキャラクター

タレント・ドリーマー（才能がある空想家）

ラブ・チャイルド（愛がある正直者）

●ライク・フレンドの著名人

トーマス・エジソン

このキャラクターとの付き合い方は？

人をよろこばせることが好きなタイプ。
快く動いてくれたことに対して、
「ありがとう」「助かった」と素直に伝えることがおススメです。

ライク・アダルト

「冷静なココロ」で満足する賢者

A wise person who lives in contentment through their calmness of mind

〈現実を好転させるココロのもちかた〉

「思考と直感のバランス」を大切にし、
じぶんの中にある「客観性」と「理性あるココロ」を発揮すると、
何事もあまりあせらなくてもよいことに気づきます。
すると現実が「満足を体験する」世界へと好転します。

●相性のいいマインドキャラクター

タレント・リーダー（才能がある指導者）
ラブ・プランナー（愛がある堅実家）

●ライク・アダルトの著名人

毛利衛

このキャラクターとの付き合い方は？

自分自身の特徴を認識できているタイプ。
短所を指摘するより、長所を伸ばそうとしていたり、
短所を克服していたりする努力を評価するのがおススメです。

ライク・チャレンジャー

「熱いココロ」で満足する挑戦者

An enthusiastic person who lives in contentment through their eager mind

〈現実を好転させるココロのもちかた〉

「欲と本能」を大切にし、
じぶんの中にある「行動力」と「積極的なココロ」を発揮すると、
じぶんとまわりを責めなくてもよいことに気づきます。
すると現実が「満足を体験する」世界へと好転します。

●相性のいいマインドキャラクター

タレント・サポーター（才能がある援助者）

ラブ・フリーランス（愛がある楽天家）

●ライク・チャレンジャーの著名人

デニス・ロッドマン / ロビン・ウィリアムズ

このキャラクターとの付き合い方は？

人に頼らずじぶんの判断で生きていくタイプ。
その無鉄砲さを指摘せずに温かく見守ることができる
ココロの余裕が、こちらに求められます。

ライク・ドリーマー

「平和のココロ」で満足する空想家

A dreamer who lives in contentment through their peaceful mind

〈現実を好転させるココロのもちかた〉

「五感と六感」を大切にし、
じぶんの中にある「知性」と「思いやりのココロ」を発揮すると、
何事もあまり期待しすぎなくてもよいことに気づきます。
すると現実が「満足を体験する」世界へと好転します。

●相性のいいマインドキャラクター

タレント・チャイルド（才能がある正直者）
ラブ・フレンド（愛がある友交家）

●ライク・ドリーマーの著名人

遠藤周作

このキャラクターとの付き合い方は？

世の中の矛盾に対して心の整理がうまいタイプ。
正しいことだけでは生きていけないときの
本音を聞いてくれる相談相手としておススメです。

「ライフ」スピリットの人は
じぶんとまわりが「**安定する**」ことを
大切にしています。
一方で
「**どうしたらココロが落ち着くのか？**」
「**安定とはなにか？**」
という疑問をかかえてはいませんか？
そのため、人生の中では、
「**継続のチカラ**」が
安定をつくることを学んでいきます。

「継続のチカラ」とは
1 継続は力なり
2 生活習慣
3 自然の営み

ライフ・リーダー

「自立のココロ」で安定する指導者

A leader who lives a stable life through their independent mind

〈現実を好転させるココロのもちかた〉

「経済的豊かさ」を大切にし、
じぶんの中にある「自信」と「勇気のココロ」を発揮すると、
何事もあまりこだわらなくてもよいことに気づきます。
すると現実が「安定を体験する」世界へと好転します。

●相性のいいマインドキャラクター

ラッキー・プランナー（運がいい堅実家）

ジョイフル・アダルト（楽しむ賢者）

●ライフ・リーダーの著名人

福沢諭吉

このキャラクターとの付き合い方は？

幸せや人々のやすらぎのために労をいとわないタイプ。
明確な目標に向かうための行動力があるので、
夢を現実化したいときには何かと頼もしい存在となります。

ライフ・サポーター

「奉仕のココロ」で安定する援助者

A supportive person who lives a stable life through their helpful mind

〈現実を好転させるココロのもちかた〉

「自然から学ぶこと」を大切にし、
じぶんの中にある「母性」と「支援のココロ」を発揮すると、
何事もあまりがまんしなくてもよいことに気づきます。
すると現実が「安定を体験する」世界へと好転します。

●相性のいいマインドキャラクター

ラッキー・フリーランス（運がいい楽天家）
ジョイフル・チャレンジャー（楽しむ挑戦者）

●ライフ・サポーターの著名人

トーマス・カーライル

このキャラクターとの付き合い方は？

ものごとをコツコツと進めることが苦にならないタイプ。
時間がかかることの、そのプロセスを
一緒に楽しむパートナーとしておススメです。

ライフ・チャイルド

「素直なココロ」で安定する正直者

An honest person who lives a stable life through their direct, franc mind

〈現実を好転させるココロのもちかた〉

「好奇心でココロを満たすこと」を大切にし、
じぶんの中にある「本音」と「無邪気なココロ」を発揮すると、
じぶんとまわりを比べなくてもよいことに気づきます。
すると現実が「安定を体験する」世界へと好転します。

●相性のいいマインドキャラクター

ラッキー・フレンド（運がいい友交家）
ジョイフル・ドリーマー（楽しむ空想家）

●ライフ・チャイルドの著名人

ゲーテ / ショーペンハウアー

このキャラクターとの付き合い方は？

じぶんのパフォーマンスを常に考えているタイプ。
興味がないものには動かないので、無理に誘導しようとするよりも、
共通するテーマを探りながらかかわるのがおススメです。

ライフ・プランナー

「安心のココロ」で安定する堅実家

A reliable person who lives a stable life through their assured mind

〈現実を好転させるココロのもちかた〉

「慎重に継続させること」を大切にし、
じぶんの中にある「計画性」と「真面目なココロ」を発揮すると、
何事もあまり心配しなくてもよいことに気づきます。
すると現実が「安定を体験する」世界へと好転します。

●相性のいいマインドキャラクター

ラッキー・アダルト（運がいい賢者）
ジョイフル・リーダー（楽しむ指導者）

●ライフ・プランナーの著名人

アイルトン・セナ / 桑田佳祐

このキャラクターとの付き合い方は？

勉強と努力で人生を切り開くタイプ。
石橋をたたいて渡る方法を常に考えています。視点を変える気分転換や
思考疲れを癒やす方法を共有すると重宝されます。

ライフ・フリーランス

「自由なココロ」で安定する楽天家

An optimist who lives a stable life through their open mind

〈現実を好転させるココロのもちかた〉

「常に前を見ること」を大切にし、
じぶんの中にある「明るさ」と「前向きなココロ」を発揮すると、
じぶんとまわりの人を否定しなくてもよいことに気づきます。
すると現実が「安定を体験する」世界へと好転します。

●相性のいいマインドキャラクター

ラッキー・チャレンジャー（運がいい挑戦者）

ジョイフル・サポーター（楽しむ援助者）

●ライフ・フリーランスの著名人

エイブラハム・リンカーン

このキャラクターとの付き合い方は？

物事が軌道に乗るまで、とにかく前を見続けられるタイプ。
予測や予言的な能力があり、
不安を安心に変えてくれる存在となります。

ライフ・フレンド

「優しいココロ」で安定する友交家

A friendly person who lives a stable life through their gentle mind

〈現実を好転させるココロのもちかた〉

「人がよろこぶこと」を大切にし、
じぶんの中にある「ユーモア」と「親切なココロ」を発揮すると、
何事もあまり気にしなくてもよいことに気づきます。
すると現実が「安定を体験する」世界へと好転します。

●相性のいいマインドキャラクター

ラッキー・ドリーマー（運がいい空想家）
ジョイフル・チャイルド（楽しむ正直者）

●ライフ・フレンドの著名人

秋山仁

このキャラクターとの付き合い方は？

いつも落ち着いた心をもち、友達もたくさんいるタイプ。
何かの仲間を集めたいときや、
相談相手を探しているときに役立つ人脈をもっています。

ライフ・アダルト

「冷静なココロ」で安定させる賢者

A wise person who lives a stable life through their calmness of mind

〈現実を好転させるココロのもちかた〉

「正しい生活習慣」を大切にし、
じぶんの中にある「客観性」と「理性のココロ」を発揮すると、
何事もあまりあせらなくてもよいことに気づきます。
すると現実が「安定を体験する」世界へと好転します。

●相性のいいマインドキャラクター

ラッキー・リーダー（運がいい指導者）
ジョイフル・プランナー（楽しむ堅実家）

●ライフ・アダルトの著名人

YOSHIKI/ジョニー・デップ

このキャラクターとの付き合い方は？

淡々と物事を進めることで、生活を安定させるタイプ。
今のことよりも将来に向けての相談事に対して
多くの情報をもっています。

ライフ・チャレンジャー

「熱いココロ」で安定する挑戦者

An enthusiastic person who lives a stable life through their eager mind

〈現実を好転させるココロのもちかた〉

「毎日のルーティン」を大切にし、
じぶんの中にある「行動力」と「積極的なココロ」を発揮すると、
じぶんとまわりの人を責めなくてもよいことに気づきます。
すると現実が「安定を体験する」世界へと好転します。

●相性のいいマインドキャラクター

ラッキー・サポーター（運がいい援助者）
ジョイフル・フリーランス（楽しむ楽天家）

●ライフ・チャレンジャーの著名人

ウサイン・ボルト／ジョージ・バーナード・ショー

このキャラクターとの付き合い方は？

じぶんや家族を守ることを一番に考えるタイプ。
その姿勢を評価し、応援する気持ちを伝えることが、
長く付き合えるポイントになります。

ライフ・ドリーマー

「平和のココロ」で安定する空想家

A dreamer who lives a stable life through their peaceful mind

〈現実を好転させるココロのもちかた〉

「アイデア」を大切にし、
じぶんの中にある「知性」と「思いやりのココロ」を発揮すると、
何事もあまり期待しなくてもよいことに気づきます。
すると現実が「安定を体験する」世界へと好転します。

●相性のいいマインドキャラクター

ラッキー・チャイルド（運がいい正直者）
ジョイフル・フレンド（楽しむ友交家）

●ライフ・ドリーマーの著名人

コペルニクス / エーリッヒ・フロム

このキャラクターとの付き合い方は？

安心して幸せに過ごす方法をいつも考えているタイプ。
何をやっても生きていけるバイタリティーと手堅く賢く生きることの
バランスセンスを交流から学ぶことができます。

HAPPY SPIRIT

ハッピー

スピリット

「ハッピー」スピリットの人は
じぶんとまわりが「**幸せになる**」ことを
大切にしています。
**一方で「幸福とはなにか？」
「まわりを幸せにできるのか？」**
という疑問をかかえてはいませんか？
そのため、人生の中では、
「言葉のチカラ」が
人を幸せにすることを学んでいきます。

「言葉のチカラ」とは
1　言霊
2　コミットメント
3　コミュニケーション
4　助言

ハッピー・リーダー

「自立のココロ」で幸せになる指導者

A leader who lives happily in joy through their independent mind

〈現実を好転させるココロのもちかた〉

「有言実行」を大切にし、
じぶんの中にある「自信」と「勇気のココロ」を発揮すると、
何事もあまりこだわらなくてもよいことに気づきます。
すると現実が「幸せを体験する」世界へと好転します。

●相性のいいマインドキャラクター

サクセス・プランナー（成功する堅実家）

ハーモニー・アダルト（調和する賢者）

●ハッピー・リーダーの著名人

ウォルト・ディズニー

このキャラクターとの付き合い方は？

よろこびをまわりに分け与える方法を常に考えているタイプ。
本当の幸せはじぶんだけでは味わえないことを
潜在的に知っている人なので、警戒せず進んで仲良くしましょう。

ハッピー・サポーター

「奉仕のココロ」で幸せになる救援者

A supportive person who lives happily in joy through their helpful mind

〈現実を好転させるココロのもちかた〉

「感じたことを伝えること」を大切にし、
じぶんの中にある「母性」と「支援のココロ」を発揮すると、
何事にもあまりがまんしなくてもよいことに気づきます。
すると現実が「幸せを体験する」世界へと好転します。

●相性のいいマインドキャラクター

サクセス・フリーランス（成功する楽天家）

ハーモニー・チャレンジャー（調和する挑戦者）

●ハッピー・サポーターの著名人

細木数子

このキャラクターとの付き合い方は？

まわりの人を支えようと思うエネルギーが強いタイプ。
口調が強い印象もあるものの、根はとても思いやりがあり、
優しいので、そこに気づくとよい関係になれます。

ハッピー・チャイルド

「素直なココロ」で幸せになる正直者

An honest person who lives happily in joy through their direct, franc mind

〈現実を好転させるココロのもちかた〉

「思いを伝えること」を大切にし、
じぶんの中にある「本音」と「無邪気なココロ」を発揮すると、
何事にもあまり比べなくてもよいことに気づきます。
すると現実が「幸せを体験する」世界へと好転します。

●相性のいいマインドキャラクター

サクセス・フレンド（成功する友交家）

ハーモニー・ドリーマー（調和する空想家）

●ハッピー・チャイルドの著名人

ナタリー・ウッド／武者小路実篤

このキャラクターとの付き合い方は？

じぶんの幸せを純粋に追い求めるタイプ。
欲しいものがはっきりしているので、
何を欲しているかを考え、力になりながら接するとよいでしょう。

ハッピー・プランナー

「安心のココロ」で幸せになる堅実家

A reliable person who lives happily in joy through their assured mind

〈現実を好転させるココロのもちかた〉

「言霊」を大切にし、
じぶんの中にある「計画性」と「真面目なココロ」を発揮すると、
何事もあまり心配しなくてもよいことに気づきます。
すると現実が「幸せを体験する」世界へと好転します。

●相性のいいマインドキャラクター

サクセス・アダルト（成功する賢者）
ハーモニー・リーダー（調和する指導者）

●ハッピー・プランナーの著名人

北野武

このキャラクターとの付き合い方は？

確実に幸せになれる方法を探求するタイプ。
それをいったん発見すると、まわりにしっかり発信したいと思うので、
発信の協力をすると感謝されます。

ハッピー・フリーランス

「自由なココロ」で幸せになる楽天家

An optimist who lives happily in joy through their open mind

〈現実を好転させるココロのもちかた〉

「インスピレーション」を大切にし、
じぶんの中にある「明るさ」と「前向きなココロ」を発揮すると、
じぶんとまわりを否定しなくてもよいことに気づきます。
すると現実が「幸せを体験する」世界へと好転します。

●相性のいいマインドキャラクター

サクセス・チャレンジャー（成功する挑戦者）

ハーモニー・サポーター（調和する援助者）

●ハッピー・フリーランスの著名人

ゴッホ

このキャラクターとの付き合い方は？

束縛のないところに本当の幸せがあると感じるタイプ。
直感や想像力を優先して、
独自のパフォーマンスをする活動を共有できるとベストです。

ハッピー・フレンド

「優しいココロ」で幸せになる友交家

A friendly person who lives happily in joy through their gentle mind

〈現実を好転させるココロのもちかた〉

「コミュニケーション」を大切にし、
じぶんの中にある「ユーモア」と「親切なココロ」を発揮すると、
何事にもあまり気にしなくてもよいことに気づきます。
すると現実が「幸せを体験する」世界へと好転します。

●相性のいいマインドキャラクター

サクセス・ドリーマー（成功する空想家）
ハーモニー・チャイルド（調和する正直者）

●ハッピー・フレンドの著名人

黒柳徹子

このキャラクターとの付き合い方は？

発言力で人々をよろこばせることが得意なタイプ。
面白いことをまわりに発信すると人やお金が寄ってくるので、
その方法を一緒に考えると盛り上がります。

ハッピー・アダルト

「冷静なココロ」で幸せになる賢者

A wise person who lives happily in joy through their calmness of mind

〈現実を好転させるココロのもちかた〉

「祈りの発信」を大切にし、
じぶんの中にある「客観性」と「理性のココロ」を発揮すると、
何事もあまりあせらなくてもよいことに気づきます。
すると現実が「幸せを体験する」世界へと好転します。

●相性のいいマインドキャラクター

サクセス・リーダー（成功する指導者）
ハーモニー・プランナー（調和する堅実家）

●ハッピー・アダルトの著名人

桂由美 / 日蓮

このキャラクターとの付き合い方は？

しっかりと状況を見据えてまわりを幸せに導くタイプ。
じぶんの考えを理解してくれる人を探しているので、
まずそれをしっかりと聞いてあげると、よい関係を築けます。

ハッピー・チャレンジャー

「熱いココロ」で幸せになる挑戦者

An enthusiastic person who lives happily in joy through their eager mind

〈現実を好転させるココロのもちかた〉

「童心にかえること」を大切にし、
じぶんの中にある「行動力」と「積極的なココロ」を発揮すると、
じぶんとまわりの人を責めなくてもよいことに気づきます。
すると現実が「幸せを体験する」世界へと好転します。

●相性のいいマインドキャラクター

サクセス・サポーター（成功する援助者）
ハーモニー・フリーランス（調和する楽天家）

●ハッピー・チャレンジャーの著名人

ピカソ / ミケランジェロ

このキャラクターとの付き合い方は？

じぶんを信じるパワーでまっすぐ進むタイプ。
強い思いで、まわりを魅了できるパワーがあるので、
その目的にしっかりとついていく姿勢が求められます。

ハッピー・ドリーマー

「平和のココロ」で幸せになる空想家

A dreamer who lives happily in joy through their peaceful mind

〈現実を好転させるココロのもちかた〉

「一貫性のある言動」を大切にし、
じぶんの中にある「知性」と「思いやりのココロ」を発揮すると、
何事もあまり期待しなくてもよいことに気づきます。
すると現実が「幸せを体験する」世界へと好転します。

●相性のいいマインドキャラクター

サクセス・チャイルド（成功する正直者）
ハーモニー・フレンド（調和する友交家）

●ハッピー・ドリーマーの著名人

ガンジー

このキャラクターとの付き合い方は？

常に頭のなかで幸せな光景を思い浮かべているタイプ。
現実的なところは見ていないので、理想に近い現実が
イメージできるような話題を共有するとよいでしょう。

「タレント」スピリットの人は
じぶんとまわりに**「才能を発揮する」**ことを
大切にしています。
一方で
「才能とはなにか？」
「じぶんは役に立っているか？」
という疑問をかかえてはいませんか？
そのため、人生の中では、
「じぶんのチカラ」がどうすれば認められるか
ということを学んでいきます。

「じぶんのチカラ」とは
1　才能・能力
2　役割・使命
3　仕事・天職

タレント・リーダー

「自立のココロ」で才能がある指導者

A leader who lives a capable life through their independent mind

〈現実を好転させるココロのもちかた〉

「人の立場と役割」を大切にし、
じぶんの中にある「自信」と「勇気のココロ」を発揮すると、
何事もあまりこだわらなくてもよいことに気づきます。
すると現実が「才能発揮を体験する」世界へと好転します。

●相性のいいマインドキャラクター

ラブ・プランナー （愛がある堅実家）

ライク・アダルト （満足する賢者）

●タレント・リーダーの著名人

スティーブ・ジョブズ／小保方晴子

このキャラクターとの付き合い方は？

仕事や環境を好きなものへ変えていけるタイプ。
そのために必要な情報を欲しているので、
役立つ情報を提供して協力するとよいでしょう。

タレント・サポーター

「奉仕のココロ」で才能がある援助者

A supportive person who lives a capable life through their helpful mind

〈現実を好転させるココロのもちかた〉

「工夫と知恵」を大切にし、
じぶんの中にある「母性」や「支援のココロ」を発揮すると、
何事もあまりがまんしなくてもよいことに気づきます。
すると現実が「才能発揮を体験する」世界へと好転します。

●相性のいいマインドキャラクター

ラブ・フリーランス（愛がある楽天家）

ライク・チャレンジャー（満足する挑戦者）

●タレント・サポーターの著名人

マドンナ

このキャラクターとの付き合い方は？

じぶんのチカラの引き出し方を知っているタイプ。
また、まわりのチカラを引き出す能力もあります。
アドバイスをもらえるような関係性を築くとよいでしょう。

タレント・チャイルド

「素直なココロ」で才能がある正直者

An honest person who lives a capable life through their direct, franc mind

〈現実を好転させるココロのもちかた〉

「笑顔」を大切にし、
じぶんの中にある「本音」と「無邪気なココロ」を発揮すると、
じぶんとまわりをあまり比べなくてもよいことに気づきます。
すると現実が「才能発揮を体験する」世界へと好転します。

●相性のいいマインドキャラクター

ラブ・フレンド（愛がある友交家）
ライク・ドリーマー（満足する空想家）

●タレント・チャイルドの著名人

アンネ・フランク

このキャラクターとの付き合い方は？

感じたままを表現するのが得意なタイプ。
本能と欲は紙一重と思って、このタイプの
自分本位という価値観を受け入れると、よい関係になれます。

タレント・プランナー

「安心のココロ」で才能がある堅実家

A reliable person who lives a capable life through their assured mind

〈現実を好転させるココロのもちかた〉

「精神力」を大切にし、

じぶんの中にある「計画性」と「真面目なココロ」を発揮すると、

何事もあまり心配しなくてもよいことに気づきます。

すると現実が「才能発揮を体験する」世界へと好転します。

●相性のいいマインドキャラクター

ラブ・アダルト（愛がある賢者）

ライク・リーダー（満足する指導者）

●タレント・プランナーの著名人

中村天風

このキャラクターとの付き合い方は？

結果を出すために落ち着いて事を成すタイプ。

どうすればじぶんの良さが見えてくるのかを豊富な経験を基に

体得しているので、ヒントをもらうとよいでしょう。

タレント・フリーランス

「自由なココロ」で才能がある楽天家

An optimist who lives a capable life through their open mind

〈現実を好転させるココロのもちかた〉

「理想と現実のバランス」を大切にし、
じぶんの中にある「明るさ」と「前向きなココロ」を発揮すると、
じぶんとまわりを否定しなくてもよいことに気づきます。
すると現実が「才能発揮を体験する」世界へと好転します。

●相性のいいマインドキャラクター

ラブ・チャレンジャー（愛がある挑戦者）
ライク・サポーター（満足する援助者）

●タレント・フリーランスの著名人

セオドア・ルーズベルト

このキャラクターとの付き合い方は？

気が向くままに生きる姿そのものを形にできるタイプ。
その純粋さや才能をうまく引き出したり、
サポートしてあげたりするとよいでしょう。

タレント・フレンド

「優しいココロ」で才能がある友交家

A friendly person who lives a capable life through their gentle mind

〈現実を好転させるココロのもちかた〉

「志」を大切にし、
じぶんの中にある「ユーモア」と「親切なココロ」を発揮すると、
何事もあまり気にしなくてもよいことに気づきます。
すると現実が「才能発揮を体験する」世界へと好転します。

●相性のいいマインドキャラクター

ラブ・ドリーマー（愛がある空想家）

ライク・チャイルド（満足する正直者）

●タレント・フレンドの著名人

ジョセフ・マーフィー / ジェームス・ディーン

このキャラクターとの付き合い方は？

世のため、人のために何ができるのかを考えているタイプ。
人が潜在的にもつニーズを読み取るチカラはあるので、
まずは、自信をもてるよう、評価してあげるとよいでしょう。

タレント・アダルト

「冷静なココロ」で才能がある賢者

A wise person who lives a capable life through their calmness of mind

〈現実を好転させるココロのもちかた〉

「ニーズからくるじぶんの能力」を大切にし、
じぶんの中にある「客観性」と「理性あるココロ」を発揮すると、
何事もあまりあせらなくてもよいことに気づきます。
すると現実が「才能発揮を体験する」世界へと好転します。

●相性のいいマインドキャラクター

ラブ・リーダー（愛がある指導者）
ライク・プランナー（満足する堅実家）

●タレント・アダルトの著名人

マリリン・モンロー / 瀬戸内寂聴

このキャラクターとの付き合い方は？

才能をいつ発揮するのがよいのかを見極められるタイプ。
状況とタイミングを知りたいと思っているので、
その環境をつくれるよう協力するとよいでしょう。

タレント・チャレンジャー

「熱いココロ」で才能がある挑戦者

An enthusiastic person who lives a capable life through their eager mind

〈現実を好転させるココロのもちかた〉

「人を育むこと」を大切にし、
じぶんの中にある「行動力」と「積極的なココロ」を発揮すると、
じぶんとまわりの人を責めなくてもよいことに気づきます。
すると現実が「才能発揮を体験する」世界へと好転します。

●相性のいいマインドキャラクター

ラブ・サポーター（愛がある援助者）

ライク・フリーランス（満足する楽天家）

●タレント・チャレンジャーの著名人

ネルソン・マンデラ

このキャラクターとの付き合い方は？

困難な事柄に対してあえてそれに挑むタイプ。
そのためには多くの協力者も必要であることも知っているので、
こちらが支持する姿勢を本人に示しましょう。

タレント・ドリーマー

「安心のココロ」で才能がある空想家

A dreamer who lives a capable life through their peaceful mind

〈現実を好転させるココロのもちかた〉

「じぶんとまわりの人格」を大切にし、
じぶんの中にある「知性」と「思いやりのココロ」を発揮すると、
何事もあまり期待しすぎなくてもよいことに気づきます。
すると現実が「才能発揮を体験する」世界へと好転します。

●相性のいいマインドキャラクター

ラブ・チャイルド（愛がある正直者）

ライク・フレンド（満足する友交家）

●タレント・ドリーマーの著名人

五木寛之

このキャラクターとの付き合い方は？

何よりも人間性を優先するタイプ。
人間には何が必要かを常に模索しているので、
志を持つ人や、尊敬できる人に興味を示します。

LUCKY SPIRIT

ラッキー

スピリット

「ラッキー」スピリットの人は
じぶんとまわりが「思いどおりになる」ことを
大切にしています。
一方で
「運とはなにか？」
「じぶんは運がいいのか？」
という疑問をかかえてはいませんか？
そのため、人生の中では、
「信じるチカラ」が現実をつくっていくことを
学んでいきます。

> 「信じるチカラ」とは
> 1　自信をもつ
> 2　人を信じる
> 3　未来を信じる

ラッキー・リーダー

「自立のココロ」で運がいい指導者

A leader who enjoys good fortune through their independent mind

〈現実を好転させるココロのもちかた〉

「日々進化すること」を大切にし、
じぶんの中にある「自信」と「勇気のココロ」を発揮すると、
何事にもあまりこだわらなくてもよいことに気づきます。
すると現実が「運の良さを体験する」世界へと好転します。

●相性のいいマインドキャラクター

ジョイフル・プランナー（楽しむ堅実家）

ライフ・アダルト（安定する賢者）

●ラッキー・リーダーの著名人

カール・マルクス

このキャラクターとの付き合い方は？

見えないものに対して興味をもっているタイプ。
生き方そのものが目に見えないものを証明するものとなるので、
それに共感することができれば交流できます。

ラッキー・サポーター

「奉仕のココロ」で運がいい援助者

A supportive person who enjoys good fortune through their helpful mind

〈現実を好転させるココロのもちかた〉

「まわりと共有すること」を大切にし、
じぶんの中にある「母性」と「支援のココロ」を発揮すると、
じぶんとまわりをあまり比べなくてもよいことに気づきます。
すると現実が「運の良さを体験する」世界へと好転します。

●相性のいいマインドキャラクター

ジョイフル・フリーランス（楽しむ楽天家）
ライフ・チャレンジャー（安定する挑戦者）

●ラッキー・サポーターの著名人

丹波哲郎

このキャラクターとの付き合い方は？

世の中に役立てるよう、じぶんの生き方をしっかりもつタイプ。
そのためには自らやってみせることが前提なので、
リスクを怖がらない価値観を示すとうまく付き合えます。

ラッキー・チャイルド

「素直なココロ」で運がいい正直者

An honest person who enjoys good fortune through their direct, franc mind

〈現実を好転させるココロのもちかた〉

「じぶんを信じること」を大切にし、
じぶんの中にある「本音」と「無邪気なココロ」を発揮すると、
じぶんとまわりをあまり比べなくてもよいことに気づきます。
すると現実が「運の良さを体験する」世界へと好転します。

●相性のいいマインドキャラクター

ジョイフル・フレンド（楽しむ友交家）
ライフ・ドリーマー（安定する空想家）

●ラッキー・チャイルドの著名人

司馬遼太郎

このキャラクターとの付き合い方は？

じぶんらしく生きることを大切にしているタイプ。
まわりに流されずに決断していくので、
うまく寄り添って、見守ってくれる相手を望みます。

ラッキー・プランナー

「安心のココロ」で運がいい堅実家

A reliable person who enjoys good fortune through their assured mind

〈現実を好転させるココロのもちかた〉

「本当にやりたいこと」を大切にし、
じぶんの中にある「計画性」と「真面目なココロ」を発揮すると、
何事にもあまり心配しなくてもよいことに気づきます。
すると現実が「運の良さを体験する」世界へと好転します。

●相性のいいマインドキャラクター

ジョイフル・アダルト（楽しむ賢者）

ライフ・リーダー（安定する指導者）

●ラッキー・プランナーの著名人

ビル・ゲイツ

このキャラクターとの付き合い方は？

じぶんが輝く方法を考えているタイプ。
考えすぎて物事に行き詰まっているときに、開き直って
再出発できる勇気を与えることができると好感をもってくれます。

ラッキー・フリーランス

「自由なココロ」で運がいい楽天家

An optimist who enjoys good fortune through their open mind

〈現実を好転させるココロのもちかた〉

「人の運命」を大切にし、
じぶんの中にある「明るさ」と「前向きなココロ」を発揮すると、
じぶんとまわりをあまり否定しなくてもよいことに気づきます。
すると現実が「運の良さを体験する」世界へと好転します。

●相性のいいマインドキャラクター

ジョイフル・チャレンジャー（楽しむ挑戦者）

ライフ・サポーター（安定する援助者）

●ラッキー・フリーランスの著名人

ヘルマン・ヘッセ

このキャラクターとの付き合い方は？

じぶんの運命に絶対的な自信をもつタイプ。
人とのかかわりが運命のカギであることを大切にしながら接すると、
よい関係が保てます。

ラッキー・フレンド

「優しいココロ」で運がいい友交家

A friendly person who enjoys good fortune through their gentle mind

〈現実を好転させるココロのもちかた〉

「まずはじぶんらしくあること」を大切にし、

じぶんの中にある「ユーモア」と「親切なココロ」を発揮すると、

何事にもあまり気にしなくてもよいことに気づきます。

すると現実が「運の良さを体験する」世界へと好転します。

●相性のいいマインドキャラクター

ジョイフル・ドリーマー（楽しむ空想家）

ライフ・チャイルド（安定する正直者）

●ラッキー・フレンドの著名人

ジョン・レノン／ラルフ・ワルド・エマーソン

このキャラクターとの付き合い方は？

人とのコミュニケーションで幸運に導かれるタイプ。

安心しながら接することを望むので、

警戒されずにフランクなムードでこちらから接するのがおススメです。

ラッキー・アダルト

「冷静なココロ」で運がいい賢者

A wise person who enjoys good fortune through their calmness of mind

〈現実を好転させるココロのもちかた〉

「人が生まれてきた意味」を大切にし、
じぶんの中にある「客観性」と「理性あるココロ」を発揮すると、
何事にもあまりあせらなくてもよいことに気づきます。
すると現実が「運の良さを体験する」世界へと好転します。

●相性のいいマインドキャラクター

ジョイフル・リーダー（楽しむ指導者）
ライフ・プランナー（安定する堅実家）

●ラッキー・アダルトの著名人

ホセ・ムヒカ / ダイアナ妃

このキャラクターとの付き合い方は？

人間がいかに生きるべきかを洞察力で学ぶタイプ。
多くの人とかかわって、さまざまな経験の話を聞きたいと考えているので、
こちらの経験を情報として提案することがおススメです。

ラッキー・チャレンジャー

「熱いココロ」で運がいい挑戦者

An enthusiastic person who enjoys good fortune through their eager mind

〈現実を好転させるココロのもちかた〉

「じぶんが手本となること」を大切にし、
じぶんの中にある「行動力」と「積極的なココロ」を発揮すると、
じぶんとまわりの人をあまり責めなくてもよいことに気づきます。
すると現実が「運の良さを体験する」世界へと好転します。

●相性のいいマインドキャラクター

ジョイフル・サポーター（楽しむ援助者）

ライフ・フリーランス（安定する楽天家）

●ラッキー・チャレンジャーの著名人

孫文

このキャラクターとの付き合い方は？

じぶんの運命に、積極的に大胆に向きあうタイプ。
波瀾万丈な生き方を経験しがちなので、
現実的なところをしっかりサポートしてあげるとよいでしょう。

ラッキー・ドリーマー

「平和のココロ」で運がいい空想家

A dreamer who enjoys good fortune through their peaceful mind

〈現実を好転させるココロのもちかた〉

「相手の気持ちを察すること」を大切にし、

じぶんの中にある「知性」と「思いやりのココロ」を発揮すると、

何事にもあまり期待しすぎなくてもよいことに気づきます。

すると現実が「運の良さを体験する」世界へと好転します。

●相性のいいマインドキャラクター

ジョイフル・チャイルド（楽しむ正直者）

ライフ・フレンド（安定する友交家）

●ラッキー・ドリーマーの著名人

シャーリー・マクレーン

このキャラクターとの付き合い方は？

心が成長するための環境を潜在的に求めているタイプ。

社会にもそれを求めているので、

その人に無理のない方法を一緒に考えるとよいでしょう。

「サクセス」スピリットの人は
じぶんとまわりが「成功する」ことを
大切にしています。
一方で
「豊かさとはなにか？」
「じぶんは成功するのか？」
という疑問をかかえてはいませんか？
そのため、人生の中では、
「勇気のチカラ」で成功をつかむことを
学んでいきます。

「勇気のチカラ」とは
1　判断力
2　決断力
3　行動力

サクセス・リーダー

「自立のココロ」で成功する指導者

A leader who lives a successful life through their independent mind

〈現実を好転させるココロのもちかた〉

「じぶんを磨くこと」を大切にし、
じぶんの中にある「自信」と「勇気のココロ」を発揮すると、
何事にもあまりこだわらなくてもよいことに気づきます。
すると現実が「豊かさを体験する」世界へと好転します。

●相性のいいマインドキャラクター

ハーモニー・プランナー（調和する堅実家）

ハッピー・アダルト（幸せになる賢者）

●サクセス・リーダーの著名人

アルフレッド・ノーベル

このキャラクターとの付き合い方は？

本当の成功というものを実現できるタイプ。
その行動力や勢いに、まわりから反発が生まれないように
根回しをしてあげられると感謝されます。

サクセス・サポーター

「奉仕のココロ」で成功する援助者

A supportive person who lives a successful life through their helpful mind

〈現実を好転させるココロのもちかた〉

「望みを叶えるチカラ」を大切にし、
じぶんの中にある「母性」と「支援のココロ」を発揮すると、
何事もあまりがまんしなくてもよいことに気づきます。
すると現実が「豊かさを体験する」世界へと好転します。

●相性のいいマインドキャラクター

ハーモニー・フリーランス（調和する楽天家）

ハッピー・チャレンジャー（幸せになる挑戦者）

●サクセス・サポーターの著名人

堺屋太一

このキャラクターとの付き合い方は？

人の成功を応援することが、じぶんの成功に繋がるタイプ。
まずはこちらが成功を目指しながらかかわっていくと、縁ができます。

サクセス・チャイルド

「素直なココロ」で成功する正直者

An honest person who lives a successful life through their direct, franc mind

〈現実を好転させるココロのもちかた〉

「じぶんに素直になること」を大切にし、
じぶんの中にある「本音」と「無邪気なココロ」を発揮すると、
じぶんとまわりをあまり比べなくてもよいことに気づきます。
すると現実が「豊かさを体験する」世界へと好転します。

●相性のいいマインドキャラクター

ハーモニー・フレンド（調和する友交家）

ハッピー・ドリーマー（幸せになる空想家）

●サクセス・チャイルドの著名人

キャメロン・ディアス

このキャラクターとの付き合い方は？

子供っぽさがまさに武器になるタイプ。
それを生かせる人はそう多くはいません。しかし、そこを認め、
一度気が合えば、一生付き合えるほどの関係が築けます。

サクセス・プランナー

「安心のココロ」で成功する堅実家

A reliable person who lives a successful life through their assured mind

〈現実を好転させるココロのもちかた〉

「目標のために今何をするのか」を大切にし、
じぶんの中にある「計画性」と「真面目なココロ」を発揮すると、
何事にもあまり心配しなくてもよいことに気づきます。
すると現実が「豊かさを体験する」世界へと好転します。

●相性のいいマインドキャラクター

ハーモニー・アダルト（調和する賢者）

ハッピー・リーダー（幸せになる指導者）

●サクセス・プランナーの著名人

アーノルド・シュワルツェネッガー

このキャラクターとの付き合い方は？

イメージが現実になるまで努力を惜しまないタイプ。
じぶん以外のことがおろそかになる傾向があるので、
まわりとの関係を見てあげるとよろこばれます。

サクセス・フリーランス

「自由なココロ」で成功する楽天家

An optimist who lives a successful life through their open mind

〈現実を好転させるココロのもちかた〉

「自由に想像すること」を大切にし、
じぶんの中にある「明るさ」と「前向きなココロ」を発揮すると、
何事にもあまり否定しなくてもよいことに気づきます。
すると現実が「豊かさを体験する」世界へと好転します。

●相性のいいマインドキャラクター

ハーモニー・チャレンジャー（調和する挑戦者）

ハッピー・サポーター（幸せになる援助者）

●サクセス・フリーランスの著名人

孫正義 / トーマス・ジェファーソン

このキャラクターとの付き合い方は？

じぶんの人生が上手くいくことに何も疑いをもたないタイプ。
気分が落ち込んでいるときにこのタイプとかかわれば、
想定外の素晴らしい励ましのパワーをもらえます。

サクセス・フレンド

「優しいココロ」で成功する友交家

A friendly person who lives a successful life through their gentle mind

〈現実を好転させるココロのもちかた〉

「敵を愛すること」を大切にし、
じぶんの中にある「ユーモア」と「親切なココロ」を発揮すると、
何事にもあまり気にしなくてもよいことに気づきます。
すると現実が「豊かさを体験する」世界へと好転します。

●相性のいいマインドキャラクター

ハーモニー・ドリーマー（調和する空想家）
ハッピー・チャイルド（幸せになる正直者）

●サクセス・フレンドの著名人

松下幸之助

このキャラクターとの付き合い方は？

仲間意識が強く、来るもの拒まずのタイプ。
みんなで成功するためのイメージができるので、人が多く
かかわるプロジェクトの運営を任せるとよいでしょう。

サクセス・アダルト

「冷静なココロ」で成功する賢者

A wise person who lives a successful life through their calmness of mind

〈現実を好転させるココロのもちかた〉

「長所を活かすこと」を大切にし、

じぶんの中にある「客観性」と「理性のココロ」を発揮すると、

何事にもあまりあせらなくてもよいことに気づきます。

すると現実が「豊かさを体験する」世界へと好転します。

●相性のいいマインドキャラクター

ハーモニー・リーダー（調和する指導者）

ハッピー・プランナー（幸せになる堅実家）

●サクセス・アダルトの著名人

マイケル・チャン

このキャラクターとの付き合い方は？

成功するための方法や手段をしっかり分析し、導き出せるタイプ。

あなたの長所を発見することも簡単にできる人なので、

安心して付き合うとよいでしょう。

サクセス・チャレンジャー

「熱いココロ」で成功する挑戦者

An enthusiastic person who lives a successful life through their eager mind

〈現実を好転させるココロのもちかた〉

「失敗を恐れないこと」を大切にし、
じぶんの中にある「行動力」と「積極的なココロ」を発揮すると、
じぶんやまわりを責めなくてもよいことに気づきます。
すると現実が「豊かさを体験する」世界へと好転します。

●相性のいいマインドキャラクター

ハーモニー・サポーター（調和する援助者）
ハッピー・フリーランス（幸せになる楽天家）

●サクセス・チャレンジャーの著名人

本田宗一郎

このキャラクターとの付き合い方は？

理想の追求には一切妥協しないタイプ。
努力する人と見られるものの、本人はそこまでつらさを
感じていないという視点に気づくと、一目おかれます。

サクセス・ドリーマー

「平和のココロ」で成功させる空想家

A dreamer who lives a successful life through their peaceful mind

〈現実を好転させるココロのもちかた〉

「決心すること」を大切にし、

じぶんの中にある「知性」と「思いやりのココロ」を発揮すると、

何事にもあまり期待しすぎなくてもよいことに気づきます。

すると現実が「豊かさを体験する」世界へと好転します。

●相性のいいマインドキャラクター

ハーモニー・チャイルド（調和する正直者）

ハッピー・フレンド（幸せになる友交家）

●サクセス・ドリーマーの著名人

エルヴィス・プレスリー

このキャラクターとの付き合い方は？

成功のためには何が必要かを知っているタイプ。

問題対応力があるので、

困ったことを相談するとチカラになってくれるでしょう。

ラブ

「ラブ」スピリットの人は
じぶんとまわりを**「愛する」**ことを
大切にしています。
一方で
「愛とはなにか？」
「じぶんは愛されているか？」
という疑問をかかえてはいませんか？
そのため、人生の中では、
「慈しみのチカラ」が究極であることを
学んでいきます。

「慈しみのチカラ」とは
1　人類の理想
2　生命の根源
3　宇宙の法則

ラブ・リーダー

「自立のココロ」で愛がある指導者

A leader who is surrounded with love through their independent mind

〈現実を好転させるココロのもちかた〉

「人にはそれぞれの価値観があること」を大切にし、
じぶんの中にある「自信」と「勇気のココロ」を発揮すると、
何事にもあまりこだわらなくてもよいことに気づきます。
すると現実が「愛を体験する」世界へと好転します。

●相性のいいマインドキャラクター

ライク・プランナー（満足する堅実家）

タレント・アダルト（才能がある賢者）

●ラブ・リーダーの著名人

マザー・テレサ / 中村ハル

このキャラクターとの付き合い方は？

本当の愛について、まわりに伝えたいと思っているタイプ。
その思いをしっかり聞いてあげることが、
お互いの信用を高めることになります。

ラブ・サポーター

「奉仕のココロ」で愛がある援助者

A supportive person who is surrounded with love through their helpful mind

〈現実を好転させるココロのもちかた〉

「相手のココロの奥にあるもの」を大切にし、
じぶんの中にある「母性」と「支援のココロ」を発揮すると、
何事にもあまりがまんしなくてもよいことに気づきます。
すると現実が「愛を体験する」世界へと好転します。

●相性のいいマインドキャラクター

ライク・フリーランス（満足する楽天家）

タレント・チャレンジャー（才能がある挑戦者）

●ラブ・サポーターの著名人

バラク・オバマ

このキャラクターとの付き合い方は？

人を愛の世界に導くことで認められていくタイプ。
その愛を素直に受け止めてくれる人には、
しっかりサポートしてくれます。

ラブ・チャイルド

「素直なココロ」で愛がある正直者

An honest person who is surrounded with love through their direct, franc mind

〈現実を好転させるココロのもちかた〉

「人は自然の一部であること」を大切にし、
じぶんの中にある「本音」と「無邪気なココロ」を発揮すると、
じぶんとまわりの人をあまり比べなくてもよいことに気づきます。
すると現実が「愛を体験する」世界へと好転します。

●相性のいいマインドキャラクター

ライク・フレンド（満足する友交家）
タレント・ドリーマー（才能がある空想家）

●ラブ・チャイルドの著名人

北原白秋

このキャラクターとの付き合い方は？

本当の愛は純粋な気持ちであると知っているタイプ。
その感覚的な部分に寄り添えると安心感を与え、
向こうから頼られる存在になります。

ラブ・プランナー

「安心のココロ」で愛がある堅実家

A reliable person who is surrounded with love through their assured mind

〈現実を好転させるココロのもちかた〉

「感受性」を大切にし、

じぶんの中にある「計画性」と「真面目なココロ」を発揮すると、

何事にもあまり心配しなくてもよいことに気づきます。

すると現実が「愛を体験する」世界へと好転します。

●相性のいいマインドキャラクター

ライク・アダルト（満足する賢者）

タレント・リーダー（才能がある指導者）

●ラブ・プランナーの著名人

デヴィ・スカルノ / レイチェル・カーソン

このキャラクターとの付き合い方は？

愛が生まれるプロセスについて考えているタイプ。

そのヒントをいつも探しているので、

そのテーマのアイデアや知恵をもつ人には関心を寄せてきます。

ラブ・フリーランス

「自由なココロ」で愛がある楽天家

An optimist who is surrounded with love through their open mind

〈現実を好転させるココロのもちかた〉

「思考や想像は自由であること」を大切にし、
じぶんの中にある「明るさ」と「前向きなココロ」を発揮すると、
何事もあまり否定しなくてもよいことに気づきます。
すると現実が「愛を体験する」世界へと好転します。

●相性のいいマインドキャラクター

ライク・チャレンジャー（満足する挑戦者）

タレント・サポーター（才能がある援助者）

●ラブ・フリーランスの著名人

フジコ・ヘミング

このキャラクターとの付き合い方は？

自由な環境で愛を発揮するタイプ。
束縛したり制限をかけたりすると、このタイプの良さは発揮されないので、
解放してあげることがカギです。

ラブ・フレンド

「優しいココロ」で愛がある友交家

A friendly person who is surrounded with love through their gentle mind

〈現実を好転させるココロのもちかた〉

「仲間と楽しく過ごすこと」を大切にし、
じぶんの中にある「ユーモア」と「親切なココロ」を発揮すると、
何事にもあまり気にしなくてもよいことに気づきます。
すると現実が「愛を体験する」世界へと好転します。

●相性のいいマインドキャラクター

ライク・ドリーマー（満足する空想家）
タレント・チャイルド（才能がある正直者）

●ラブ・フレンドの著名人

星新一 / マイケル・ジャクソン

このキャラクターとの付き合い方は？

まわりの人を大切にして愛を分かち合うタイプ。
とにかく人間関係についてはその才能を発揮するので、
どんな人でも問題なく付き合うことができます。

ラブ・アダルト

「冷静なココロ」で愛がある賢者

A wise person who is surrounded with love through their calmness of mind

〈現実を好転させるココロのもちかた〉

「人は宇宙の一部であること」を大切にし、
じぶんの中にある「客観性」と「理性あるココロ」を発揮すると、
何事にもあまりあせらなくてもよいことに気づきます。
すると現実が「愛を体験する」世界へと好転します。

●相性のいいマインドキャラクター

ライク・リーダー（満足する指導者）

タレント・プランナー（才能がある堅実家）

●ラブ・アダルトの著名人

小室哲哉

このキャラクターとの付き合い方は？

不公平・不平等を愛で解決しようとするタイプ。
愛で満たされる世界をいつも考えているので、
本質的な答えを求めると、いい知恵を出してくれます。

ラブ・チャレンジャー

「熱いココロ」で愛がある挑戦者

An enthusiastic person who is surrounded with love through their eager mind

〈現実を好転させるココロのもちかた〉

「心の愛に触れること」を大切にし、
じぶんの中にある「行動力」と「積極的なココロ」を発揮すると、
じぶんやまわりの人をあまり責めなくてもよいことに気づきます。
すると現実が「愛を体験する」世界へと好転します。

●相性のいいマインドキャラクター

ライク・サポーター（満足する援助者）
タレント・フリーランス（才能がある楽天家）

●ラブ・チャレンジャーの著名人

ウーピー・ゴールドバーグ / 又吉直樹

このキャラクターとの付き合い方は？

愛のある人生を独自の世界で表現するタイプ。
その独自性には人を魅了するものがあるので、
そこを見抜けるといい関係になります。

ラブ・ドリーマー

「平和のココロ」で愛がある空想家

A dreamer who is surrounded with love through their peaceful mind

〈現実を好転させるココロのもちかた〉

「感情のコントロール」を大切にし、
じぶんの中にある「知性」と「思いやりのココロ」を発揮すると、
じぶんやまわりの人にあまり期待しなくてもよいことに気づきます。
すると現実が「愛を体験する」世界へと好転します。

●相性のいいマインドキャラクター

ライク・チャイルド（満足する正直者）
タレント・フレンド（才能がある友交家）

●ラブ・ドリーマーの著名人

美空ひばり

このキャラクターとの付き合い方は？

愛と平和をイメージして、現実にできるタイプ。
継続的に愛を実践し結果を出すので、
あなたが素直に評価するほうがよいでしょう。

「本当のじぶん」を
知ると幸せになれる

あなたのマインドキャラクターは何でしたか？

　あなたは「ジョイフル・リーダー」から「ラブ・ドリーマー」まで、どのキャラクターにあてはまりましたか？

　たとえば、仮にあなたのマインドが「フレンド」で、スピリットが「ライク」であれば、あなたのマインドキャラクターは「ライク・フレンド」となりますね。これは、じぶんと周囲の人々を"ライク"（好き）になるために、"フレンド"（優しくする）ことで運命が好転していくキャラクターなのです。

　つまり、じぶんのことが好きになって、周囲の人や事柄も好きになるのがあなたの"生きる目的"で、そのために常に

優しい気持ちを心がけて毎日を過ごすというのがあなたの“生きる手段”となるのです。

　そのような「本当のじぶん」のココロのもちかたで、現実の世界を好転させられるという意味です。

「本当のじぶん」のココロ

　ではなぜ、あなたが「本当のじぶん」で生きるとあなたのまわりの世界まで変わっていくのでしょうか。

　じぶんとまわりの世界は、「ココロ」でつながっています。そしてココロは、まわりの世界の「体験」と相互作用の関係があります。

　まわりの「体験」を受信する“感受性”の作用と、

　まわりの「体験」へ発信する“想像力”の作用です。

　この2つの相互作用によって、ココロは体験を生みだし、体験はココロを育むのです。

　マインドカバラの実践とは、あなたらしいココロで、あなたらしい体験をすることなのです。

　マインドカバラとは「何のために生まれて」「何をして生きるのか」を「感じ」、それを「想像」するココロの波動が、まわりの世界に発信され、本当のあなたが望む体験を現実化

させやすくするための実践法なのです。

　つまり、ココロのもちかたをよりじぶんらしいものに変えることで、まわりの世界を「本当のじぶん」が望む世界へ変えるという「共時性」（シンクロニシティ）や「共鳴現象」のしくみを活用しているのです。

　けれども、こういった、人間の意識が世界を変える"的"な話をすると、非現実的だと否定する方が必ずいらっしゃいます。そんなことが起こるわけないし、そんなに簡単に世界が変わるはずないじゃないか……と。

　たしかに、そのとおりです。

　私たちは「現実を思いどおりにしたい」という潜在的な本能や期待感があります。しかし、それと同時に「世の中はじぶんの思いどおりになんていかないものだ」と相反する思考をいつの間にか抱くようになっています。

　このような不信感や不安感という思考は、ココロの奥に潜む恐怖心という「ココロの毒」によってつくりだされたものであり、自らの夢や目標をこの毒によって遠ざけてしまっているのです。

「ココロの毒」と3つの悩み

人間の夢や目標を左右する「ココロの毒」は、私の経験上3つの悩みへと発展します。

① 健康（病気や体調の乱れ）

② お金・仕事（仕事や収入の乱れ）

③ 人間関係（家族、職場、恋愛、夫婦関係の乱れ）

上記の3つの悩みにおいて特に重要なものは、3つ目の人間関係です。

これはほかの2つの悩みの根本原因になっていることも多く、なかなか解決しにくい究極のテーマでもあります。

しかし、不信や不安のココロをコントロールして、信頼、安心感がもてる「本当のじぶん」を発揮する。……実はそれだけで人間関係にいい変化を起こせるのです。

そのような状況を職場でも学校でもプライベートでも実践すると、愛と調和に満ちた人間関係を作ることができます。そのような感動体験がマインドカバラで可能となるのです。

また健康上の悩みに関しては、昔から"病は気から"と言われていますが、気を「ココロ」に置き換えるとイメージし

やすいと思います。

　数千年の歴史を誇る東洋医学では、感情と体の部位の関係性を表しています。怒りは肝臓や胆のう、悲しみは肺や大腸、恐れは腎臓や膀胱……とそれぞれの関係性を知っていたというのですから、その感性には改めて感心させられます。

　このことをもう少しわかりやすく説明しますと、怒りや悲しみなどのネガティブ感情をもち続けると、脳からの情報で体の特定の部位に毒素が溜まっていくというイメージです。

　そして溜まった毒素は、ココロと体にダメージを与えはじめ、不調や不安という危険信号を出すことになります。

　さまざまな悩みはこうしたネガティブ感情による「ココロの毒」の蓄積＝ストレスによって発生するのです。

　実際に思い当たる経験はありませんか？

　そのマイナスパターンから解き放たれるためには、「本当のじぶん」を知らないということに気付き、これまでに溜まった毒を解消する、つまり、デトックスする（吐き出す）ことがきわめて大事です。

　もし、あなたがネガティブな感情を良くないものとして、あえて見ないようにしたり、ココロの深いところに押し込んでしまったりしていたら、ココロの毒はますます増えるばかりです。

　一方、じぶんの感情と向き合い、なぜその感情が湧くのかという自問をすると、その奥にある「本当のじぶん」を発見

できます。するとさまざまな感情のコントロールができるようになり、それが「ココロの毒」のデトックスとなるのです。

「本当のじぶん」を知ることが 幸運への第一歩です

じぶんらしくない生きかたを続けることで溜まったココロの毒をデトックスすると、あなたの人生とあなたを取り巻くまわりの世界は一変します。

たとえば、こんなケースがあります。

もし、あなたのマインドがフリーランスであれば、あなたは自由なハートをもっています。

しかし、成長する過程でまわりの人から「わがまま」「自分勝手」などと言われ続けてしまうと、言われて傷つきたくないあまり、もともとの自由なハートを「もたないほうがいい」という価値観をつくりだしてしまいます。

しかし、本来は逆なのです。つまり、じぶんのマインドを信じて生きていく実践をすることが、運命を大きく好転させるコツなのです。

冒頭でも書きましたが、さまざまな情報があふれる現代社会では、自分自身を軸とするよりも、まわりからの情報を軸にして生きる人が多いようです。しかし、それでは本末転倒。本来、軸にすべきは自分自身、「本当のじぶん」なのです。

じぶんのマインドと スピリットを高める

　QOL（Quality of Life ＝生活の質）という言葉を耳にしたことがあると思います。

　しかし、私の考えでは、人間にとっては「QOM」（Quality of Mind ＝ココロの質）のほうが大切です。

　QOMが最善な状態であれば、人は安心感と信頼感で満たされ、人生の一瞬一瞬に感動できる豊かなココロを形成できます。そして、その感動できる豊かなココロを高めるものに「五感」があります。

　五感（視覚、聴覚、嗅覚、味覚、触覚）の"感"を英語で"SENSE"（センス）と言いますが、そのセンスこそが「マインド」を高める上ではとても重要です。

　なぜなら、五感によってまわりの情報が体の各器官から脳に伝達され、そこから体にさまざまな情報が送られ、それに

ココロが一つ一つ反応しているからです。その際、プラスの情報や体験による反応はポジティブ感情に、マイナスの情報や体験による反応はネガティブ感情となります。

　それらの感情の反応から「本当のじぶん」を発見することができるマインドカバラは、QOLとQOMを高める、「ココロと人生の処方箋」とも言えるのです。

　これは、私が20代のころから研究してきたカバラ数秘術や波動、ほかにも世界中のさまざまな占いや経験則をベースに、私自身が行ってきたカウンセリングの実証結果として導き出された「結果を出す個性学」なのです。

「個性学」であれば当然、一人ひとりに結果を出す方法＝運がいい在り方、は異なります。しかも現実とはそのような多様な価値観の人たちでつくられた社会というものであり、そこには必ずと言っていいほどじぶんにとって「好きな人」「嫌いな人」が存在する、人間関係が発生します。

　たとえば、「時間は絶対守らなければいけない」という価値観をもっている人にとっては、現実の中で時間を守らない人や遅刻する人のことは受け入れることができず、とても感情的になり、その人のことを「嫌いな人」「非常識な人」などと位置付けます。実際に嫌いな人とは付き合わないという選択をして、問題がない方はいいのですが、その嫌いな人との縁を何度切っても、また同じような人が現れるケースも少

なからずあります。

　そんなときこそ、ただ縁を切るという手段を使うのではなく、自分自身の価値観や感情と向き合う必要があるのです。

　マインドカバラによって、じぶんの価値と相手の価値を知り、それを認めることができれば、そこまで感情的にならずに、それをコントロールできるようになります。

　じぶんやまわりの人のマインドとスピリットを知ることは、その人との出会いの意味に気づき、「本当のじぶん」を知るために必要な"縁ある人"と理解できるようになれます。

　するとまわりの人の価値感や言動についても理解し、受け入れられるようになるのです。

人生の道しるべを
つくりましょう

　——さて、ここまでお読みになって、あなたはどのように感じられたでしょうか？

　人生や運と、ココロの関係についてなんとなくご理解いただいていれば幸いです。

　マインドカバラのベースにある「ココロ個性学」では、「なぜじぶんと価値観の違う親のもとに生まれたのか？」

「あのときの体験は私の人生にどんな意味があったのか？」

　など、スピリットとマインドが織りなす本当のあなたの、人生における「運命」（命の使い方）と「使命」（命の運び方）を学べます。

　もし、ご興味のある方がいれば、さらに深く理解できるセミナーやレッスンがあるので、ぜひ「ココロ個性学」で検索してみてください。

　皆様にこの本を通して私が繰り返しお伝えしたいことは、運命や人生を好転させるには、**じぶんは何のために生まれてきたのか、何をして生きればいいのか**を常に「考え」、「想像する」という日々の実践がとても大切だということです。

　そしてあなたが日々の生活で不安なときにこそ、このマインドカバラがあることを思い出してください。

　すると「本当のじぶん」の"道"というレッドカーペットのまん中をじぶんがしっかり歩いていることに気づくことができるでしょう！

著者プロフィール

山内 マコト（やまうち まこと）

1966 年、福岡県生まれ。
MRA 波動オペレーター資格所持。

本文イラスト：山内マコト

本文デザイン：中川ともき、Amazing Cloud Inc.

「本当のじぶん」になれる本 81タイプのじぶんらしさ

2019年11月15日　初版第 1 刷発行

著　者　山内 マコト
発行者　瓜谷 綱延
発行所　株式会社文芸社
　　　　〒160-0022　東京都新宿区新宿1－10－1
　　　　　　　　　　電話　03-5369-3060　（代表）
　　　　　　　　　　　　　03-5369-2299　（販売）

印刷所　図書印刷株式会社